AF565015

Michael Reeves: Mit Gott im Reinen

Die Deutsche Nationalbibliothek verzeichnet diese Publikation in der Deutschen Nationalbibliographie; detaillierte bibliographische Daten sind im Internet über dnb.de abrufbar.

Titel des englischen Originals:
Right with God

www.UnionPublishing.org
Bridgend, Wales, United Kingdom

Wenn nicht anders angegeben, wurde folgende Bibelübersetzung verwendet:
Lutherbibel, revidiert 2017,

verbum-medien.de
info@verbum-medien.de

Übersetzung:
Tanja Bittner

Lektorat:
Viktoria Schiller

Buchgestaltung und Satz:
Samuel Hinterholzer

Druck und Bindung:
Finidr

1. Auflage 2024
Best.-Nr. 8652 073
ISBN 978-3-98665-073-5
E-Book 978-3-98665-074-2
DOI: 10.54291/u796855539

Solltest du Fehler in diesem Buch entdecken, würden wir uns über einen kurzen Hinweis an fehler@verbum-medien.de freuen.

Mit Gott im Reinen

Michael Reeves

Inhaltsverzeichnis

»›Ist das Leben von Bedeutung?‹

Ja.

›Habe ich irgendeinen Wert?‹

Ja.

›Gibt es Vergebung für mich?‹

Ja.

›Ist es möglich, dass mich jemand kennt und liebt?‹

Ja, ja, ja. Eine Million Mal Ja!
Hier ist ein Herr, der sich herabbeugt.
Der seine Hand ausstreckt und flüstert:
›Hab keine Angst.‹

Hier ist Jesus!«

Emma Scrivener
A New Name: Grace and Healing for Anorexia

1 Befreiende Liebe

Was tust du, um jemanden dazu zu bringen, dass er dich annimmt und liebt? Du versuchst, dich schöner zu machen, nicht wahr? Du machst dich liebenswerter und attraktiver. Das ist es, was uns die Werbung von allen Seiten vermittelt; so klingt das unablässige Dröhnen der sozialen Medien.

Doch bei Gott ist genau das Gegenteil der Fall. Bei Gott sind scheiternde, zerrüttete Menschen »deshalb schön, weil sie geliebt werden; sie werden nicht deshalb geliebt, weil sie schön sind« (wie Martin Luther es formulierte). Mit anderen Worten: Gott liebt Menschen nicht deshalb, weil sie ihr Leben auf die Reihe bekommen haben; er liebt Versager, und diese Liebe lässt sie aufblühen.

In diesem kleinen Buch geht es darum, wie man mit Gott im Reinen sein kann. Es handelt vom Herzstück der christlichen Guten Nachricht: der Rechtfertigung.

Durch die Jahrhunderte ertönt ein übereinstimmendes Zeugnis: Wer diese Wahrheit kennengelernt hat, empfindet sie als unsagbar süße Befreiung. William Tyndale nannte sie eine »frohe, glückliche und freudige Botschaft, die das Herz des Menschen froh macht und ihn singen, tanzen und vor Freude springen lässt«. Thomas Bilney schenkte sie »dermaßen wunderbaren Trost und Ruhe, dass meine geschundenen Knochen vor Freude hüpften«. Charles Wesley sang: »Die Kette riß! Frei ward ich hier! Ich macht mich auf und folgte dir!«

Mögest du eine solche Befreiung noch heute kennenlernen, wenn du sie nicht schon kennst.

Wie komme ich ins Paradies?

Der junge Martin Luther wusste nicht, wie er mit Gott ins Reine kommen sollte. Er fühlte sich deshalb elend. Das war kaum seine eigene Schuld. Er war in dem Glauben erzogen worden, dass man durch einen Prozess der inneren Besserung mit Gott ins Reine kommt. Das bedeutet: Gott gießt seine Gnade in unser Herz und macht es so Stück für Stück heiliger und himmelstauglicher, Stück für Stück gerechter (oder *»gerechtfertigter«*).

Diese Lehren zielten eigentlich nicht darauf, ihm Kummer zu bereiten – ganz im Gegenteil! »Dem, der tut, was an ihm liegt, verweigert Gott die Gnade nicht«, säuselte ein Theologe beruhigend. Doch Luther war sich unsicher: Hatte er das Seine getan? War er genügend »gerechtfertigt« oder gebessert, um in den Himmel zu kommen? Was, wenn er plötzlich sterben würde? Wäre er dann gerecht genug für den Himmel?

»Ich will ein Mönch werden«

Luthers Glaube wurde mit einundzwanzig Jahren auf die Probe gestellt, als er zu Fuß unterwegs zu seiner Universität war. Plötzlich zog ein heftiges Unwetter auf und ein Blitz warf ihn zu Boden. Aus Angst vor dem Tod und vor dem, was danach folgen würde, rief er: »Hilf du, heilige Anna, ich will ein Mönch werden!« Er wagte es nicht, zu Gott zu schreien, denn: Würde ein heiliger Gott einen Sünder wie ihn erhören? Daher betete er zur heiligen Anna, der Mutter Marias, in der Hoffnung, sie werde bei Maria ein gutes Wort für ihn einlegen, und Maria werde wiederum bei Jesus ein gutes Wort einlegen.

Nachdem Martin das Unwetter überlebt hatte, begann er ein Leben als Mönch. In gewisser Weise liebte er es. Er hatte größte Angst davor, zu sterben und vor Gott, seinem Richter, zu stehen. Den Eintritt ins Kloster betrachtete er deshalb als einmalige Chance: Er konnte etwas tun, um für Gott annehmbarer zu werden, und so – hoffentlich – Gottes Liebe verdienen.

Also legte er los. Alle paar Stunden verließ er seine winzige Klosterzelle, um am Gottesdienst in der Kapelle teilzunehmen, beginnend mit der nächtlichen Mette, dann um sechs Uhr morgens, um neun, um zwölf und so weiter. Oft nahm er drei Tage lang weder Brot noch Wasser zu sich. Er legte es geradezu darauf an, in der winterlichen Kälte zu erfrieren, in der Hoffnung, Gott zu gefallen. Es trieb ihn in die Beichte. Dort ermüdete er seine Beichtväter, wenn er bis zu sechs Stunden am Stück brauchte, um seine neuesten Sünden aufzuzählen.

»Bin ich gut genug?«

Doch je mehr Luther tat, desto bekümmerter wurde er. War er gewissenhaft genug? Waren seine Beweggründe die richtigen? Luther merkte, wie er in immer tiefgründigere Selbstbetrachtung versank. Er begann zu spüren, dass seine moralische Befleckung und seine mangelnde Gottgefälligkeit tiefer gingen als nur bis zu seinem Verhalten. Er fing an, sich als einen Menschen zu sehen, der in sich selbst verkrümmt und zutiefst selbstsüchtig ist. All sein gutes Handeln und seine religiöse Lebensführung verschleierten nur das Problem, lösten es aber nicht.

Schlimmer noch, der Mönch Luther betrachtete Gott zunehmend als lieblosen Tyrannen, der Vollkommenheit fordert und nichts anderes tut, als zu strafen. »Wenn ich auch als Mönch untadelig lebte, fühlte ich mich vor Gott doch als Sünder, und mein Gewissen quälte mich sehr«, schrieb er rückblickend. »Ich konnte den gerechten, die Sünder strafenden Gott nicht lieben, im Gegenteil, ich haßte ihn sogar ... Und wenn ich mich auch nicht in Lästerung gegen Gott empörte, so murrte ich doch heimlich gewaltig gegen ihn.«

In dieser tiefen Finsternis machte er seine glückliche Entdeckung.

»Da fing ich an, zu verstehen«

Luther studierte in seiner Zelle die Bibel. Er rang darum, zu verstehen, was der Apostel Paulus wohl gemeint hatte, als er an die Römer schrieb:

> *»Denn die Gerechtigkeit Gottes wird in ihm offenbart aus Glauben zum Glauben; wie geschrieben steht: ›Der Gerechte wird aus Glauben leben.‹«*

Was bedeutete das? Was genau ist »die Gerechtigkeit Gottes«? Ist gemeint, dass Gott gerecht ist und ich es nicht bin – folglich kann ich keine Gemeinschaft mit ihm haben? Das hatte Luther immer gedacht. Doch es blieb nicht dabei:

> *»Da fing ich an, die Gerechtigkeit Gottes als eine solche zu verstehen, durch welche der Gerechte als durch Gottes* Gabe *lebt, nämlich aus dem Glauben.«*

»Er hat mich zuerst geliebt«

Diese Erkenntnis veränderte alles. Es war, als würde Luthers gesamte Welt auf den Kopf gestellt. Er begriff: Gott verlangt von uns nicht, seine Liebe und Annahme in irgendeiner Weise zu *verdienen.* Gottes Gerechtigkeit ist etwas, das er uns schenkt. Man kann Gottes Annahme, Vergebung und Frieden einfach im Glauben – vertrauensvoll – empfangen. Wir müssen uns Gottes Gunst nicht erarbeiten.

Was Luther hier in der Bibel entdeckte, ist eine wahrlich gute Botschaft: ein gütiger und großzügiger Gott, der nicht von den Menschen fordert, ihre eigene Annehmbarkeit zu bewerkstelligen, ehe er sie liebt, sondern der zuerst liebt. Luther verstand, dass er einfach Gottes Zusage annehmen durfte, statt auf sein eigenes Bemühen, gut zu sein, zu vertrauen. An die Stelle all seiner Kämpfe und seiner Angst traten nun frohe Zuversicht und Frieden. Begeistert erzählt Luther: »Da fühlte ich mich wie ganz und gar neu geboren, und durch offene Tore trat ich in das Paradies selbst ein.«

2 Die Rechtfertigung verändert alles

Martin Luther wurde verändert, als er den Römerbrief las. Auch wir wollen nun in diesen eintauchen und etwas mehr herausfinden.

Paulus arbeitet in seinem Brief an die Römer den Kern seiner Einsicht heraus, wie man mit Gott ins Reine kommt. In den ersten drei Kapiteln stellt Paulus fest, dass alle Menschen – also wir – infolge der Sünde schuldig sind und unter Gottes Verdammungsurteil stehen. »Da ist keiner, der gerecht ist, auch nicht einer« (Röm 3,10).

Doch halt, es geht noch weiter:

> *»Sie sind allesamt Sünder und ermangeln des Ruhmes, den sie vor Gott haben sollen, und werden ohne Verdienst gerecht aus*

seiner Gnade durch die Erlösung, die durch Christus Jesus geschehen ist.« (Röm 3,23–24)

Was meint Paulus mit der Formulierung »gerecht werden«? Das erklärt er in Römer 4 am Beispiel von Abraham, dem Vater derer, die glauben:

»Was sagen wir denn von Abraham, unserm leiblichen Stammvater? Was hat er erlangt? Das sagen wir: Ist Abraham durch Werke gerecht, so kann er sich wohl rühmen, aber nicht vor Gott. Denn was sagt die Schrift? ›Abraham hat Gott geglaubt, und das wurde ihm zur Gerechtigkeit gerechnet.‹ Dem aber, der mit Werken umgeht, wird der Lohn nicht aus Gnade zugerechnet, sondern weil er ihm zusteht. Dem aber, der nicht mit Werken umgeht, aber an den glaubt, der den Gottlosen gerecht macht, dem wird sein Glaube gerechnet zur Gerechtigkeit. Wie ja auch David den Menschen seligpreist, dem Gott zurechnet die Gerechtigkeit ohne Zutun der Werke: ›Selig sind die, denen die Ungerechtigkeiten vergeben und denen die Sünden bedeckt sind! Selig ist der Mann, dem der Herr die Sünde nicht zurechnet!‹« (Röm 4,1–8)

Abraham hatte nichts, wofür er sich rühmen konnte. Er wurde nicht deshalb von Gott als gerecht betrachtet, weil er in sich selbst tatsächlich gerecht gewesen wäre. Vielmehr zeigte Gott sich ihm als ein gütiger Gott, »der den *Gottlosen* gerecht macht« (V. 5). Abraham hat sich nicht seine persönliche Gerechtigkeit erarbeitet, sondern er hat einfach »Gott geglaubt« und deshalb wurde ihm die Gerechtigkeit *zugerechnet,* wie wir in 1. Mose 15, 6 sehen (darauf bezieht sich der obige V. 3).

Gerecht (oder gerechtfertigt) zu werden heißt also, ein Sünder zu sein, über dem Gott aus Gnade das Urteil »gerecht« ausgesprochen hat. Es bedeutet, für gerecht *erklärt* zu werden, nicht aber einen Veränderungsprozess, der nach und nach gerecht *macht.* Gerechtfertigt zu sein, meint niemals, »*gerechter* zu werden«. »Rechtfertigung« ist ein juristischer Begriff; Richter verwenden diese Sprache im Gerichtssaal, wenn sie das Urteil »schuldig« oder »unschuldig« fällen.

Überlege mal, wie wir den Begriff im Alltag gebrauchen. Angenommen, dein Vater erwischt dich bei etwas, das ein bisschen suspekt aussieht. Da er ein fairer Mensch ist, schreit er dich nicht gleich an, sondern sagt: »Kannst du mir das bitte erklären? Kannst du irgendwie rechtfertigen, was du da eben getan hast?« Was will er mit dieser Frage? Er bittet dich nicht, die

Zeit zurückzudrehen und das, was du getan hast, besser zu machen. Das ist mit »rechtfertigen« nicht gemeint. Er bittet dich, dein Tun zu verteidigen – nachzuweisen, dass es richtig und vernünftig war, selbst wenn es nicht so aussah. Bei Rechtfertigung geht es um eine Einschätzung, einen Beschluss, ein Urteil.

Das ist in der Bibel nicht anders. Wir sind gerechtfertigt, wenn Gott das *Urteil* verkündet, dass wir vor ihm die Stellung eines Gerechten haben. In der Schrift ist nicht derjenige ein Gerechter, der viele gute Werke tut oder der niemals gesündigt hat. Paulus schreibt: »Dem aber, *der nicht mit Werken umgeht*, aber an den glaubt, der den Gottlosen gerecht macht, dem wird sein Glaube gerechnet zur Gerechtigkeit« (V. 5). Gerecht sind nicht jene, die ihr Leben auf die Reihe bekommen haben, sondern die *gottlosen* Sünder, über die Gott das *Urteil* »gerecht« gesprochen hat. Der Gerechtfertigte ist glücklich zu preisen, weil ihm »Gott zurechnet die Gerechtigkeit ohne Zutun der Werke« (V. 6).

Paulus belegt seine Aussage dann anhand von Davids Worten aus Psalm 32:

> *»Selig sind die, denen die Ungerechtigkeiten vergeben und denen die Sünden bedeckt sind!*

Selig ist der Mann, dem der Herr die Sünde nicht zurechnet!« *(V. 7–8; zitiert aus Ps 32, 1–2)*

David hatte erkannt: Bei diesen Menschen, die glücklich zu preisen sind, handelt es sich nicht um Leute, die keine Sünde haben. Glücklich zu preisen ist der, dessen Sünden »bedeckt sind« und dem der Herr seine Sünde nicht *zurechnen* wird.

»Zum ersten Mal in meinem Leben verstand ich, dass Christus die Last meiner Bosheit getragen hat. Er übernahm persönlich die Verantwortung für alle meine Vergehen. Das gesamte Maß an Rebellion fiel auf sein sündloses Haupt und er nahm es freiwillig auf sich, damit ich straffrei ausgehe.

Ich gebe es zu und schäme mich dessen nicht, dass mich eine derart aufopfernde Liebe überwältigte. Ich dachte, ich sei ein harter Bursche. Doch ich weinte.«

Michael Green
Compelled by Joy: The Reflections of a Lifelong Evangelist

3 Neue Kleider

Doch wie ist das möglich? Wie kann Gott den Gottlosen für »gerecht« erklären? Die Antwort ist einfach und dennoch tiefgründig: nur in Christus.

Am Kreuz trug Jesus die Todesstrafe für unsere Sünde. Halte kurz inne und denk darüber nach – das ist etwas Körperliches. Alle, die an ihn glauben, werden zu Gliedern seines Leibes (Körpers) gemacht und durchleben das, was mit diesem Körper geschah. *Wir sind mit ihm gestorben.* Unsere alte Identität wurde mit Christus gekreuzigt und begraben (vgl. Kol 2,12; Röm 6,3). Nicht mehr unsere Sünde, sondern sein Tod ist nun unsere Vergangenheit.

Nach der Kreuzigung erwies sich jedoch, dass in ihm mehr Gerechtigkeit war als Sünde in uns, denn nachdem er einmal unsere Sünde getragen hatte, konnte ihn der Tod nicht länger festhalten. Nachdem er die Sünde und den Tod in den Tod getragen hatte, konnte der Tod keinen Anspruch mehr auf ihn erheben. Der Sohn hatte auf so vollkommene Weise das Ausmaß seiner Liebe gezeigt, dass der Vater den geliebten Sohn nicht im Tod lassen konnte. Also rehabilitierte – oder »rechtfertigte« – er ihn, indem er erklärte, es sei in höchstem Maße angebracht, dass er lebt (vgl. 1 Tim 3,16).

Sobald Christus von seinem Vater rehabilitiert/gerechtfertigt und für würdig des Lebens erklärt worden war, wurde er »*um unsrer Rechtfertigung willen* auferweckt« (Röm 4,25). Er wurde »für uns ... zur Gerechtigkeit« (1 Kor 1,30; vgl. Jer 23,6). Alle, die an ihn glauben – die Glieder seines Leibes sind –, haben Anteil an dieser Leben spendenden Rechtfertigung, die er am Ostermorgen empfing. So erhalten *wir* in ihm neues Leben und *wir* werden zur Gerechtigkeit Gottes (vgl. 2 Kor 5,21).

Deshalb schrieb der Apostel Paulus, er wünsche, »dass ich Christus gewinne und *in ihm* gefunden werde, dass ich nicht habe meine Gerechtigkeit, die aus dem Gesetz, sondern die durch den Glauben an Christus kommt, nämlich die Gerechtigkeit, die von Gott kommt durch den Glauben« (Phil 3,8–9). Für ihn war die Gerechtigkeit Christi vergleichbar mit Kleidern, die man anzieht. Wir versuchen, uns vor Gott mit den Feigenblättern unserer eigenen Gerechtigkeit zu bedecken, doch in seiner Güte bekleidet er uns so, wie es sich geziemt, mit der Gerechtigkeit Christi. Mit Christus bekleidet treten wir nun vor unseren Vater.

Der französische Reformator Johannes Calvin verwendete die Geschichte von Jakob, um zu veranschaulichen, wie das funktioniert:

> *»Jakob hatte ja das Erstgeburtsrecht nicht aus sich selber verdient, und doch verbarg er sich in dem Gewand seines Bruders, zog seinen Rock an, der so sehr guten Geruch von sich gab [vgl. 1 Mose 27,27], und schlich sich solchermaßen bei seinem Vater ein, um unter einer fremden Person zu seinem Nutzen den Segen zu empfangen. So verbergen auch wir uns ... unter der kostbaren Reinheit Christi als unseres erstgeborenen Bruders, um vor Gottes Angesicht das Zeugnis der Gerechtigkeit zu erwirken ... Es verhält sich wirklich so; denn wenn wir vor Gottes Angesicht zu unserem Heil erscheinen sollen, so müssen wir notwendig nach seinem Wohlgeruch duften, und unter seiner Vollkommenheit müssen unsere Laster verdeckt und begraben werden!«*

Calvin griff hier ein biblisches Thema auf, das bis zurück in den Garten Eden reicht. Adam und Eva hatten ein paar armselige Feigenblätter zusammengeheftet, um sich zu bedecken (vgl. 1 Mose 3, 7). Der gütige Gott kleidete sie stattdessen in die Felle der ersten Opfertiere (vgl. 1 Mose 3, 21). Bei uns ist es ebenso: Wir müssen uns nicht vergeblich mit unseren eigenen Leistungen bedecken, um Gott zu begegnen; wir dürfen angemessen und vollständig mit Christi Gerechtigkeit bekleidet vor Gott treten. Gerechtfertigt zu sein heißt, dass ich nicht als in mir selbst Gerechter zu Gott, dem Vater, komme, sondern bekleidet mit der Gerechtigkeit meines vollkommen gerechten erstgeborenen Bruders.

Dem haben einige mit der Begründung widersprochen, Gerechtigkeit sei nichts, was man von einer Person auf eine andere übertragen könne. Doch Christen meinen gar nicht, dass Jesus seine Gerechtigkeit durch Raum und Zeit irgendwie auf uns überspringen lässt. Wir sind in seine Gerechtigkeit gekleidet, weil wir wahrhaftig *in ihm* sind. Calvin schreibt:

> *»Wir schauen ihn [Christus] also nicht außer uns, von ferne an, damit uns seine Gerechtigkeit zugerechnet werde; nein, weil wir ihn angezogen haben und in seinen Leib eingefügt sind, kurz, weil er sich herabgelassen hat, uns*

mit sich eins zu machen, darum rühmen wir uns, daß wir Gemeinschaft der Gerechtigkeit mit ihm haben.«

Das ist weitaus besser als die vereinfachende Vorstellung, Rechtfertigung bedeute, dass Gott mich so sieht, »als hätte ich nie gesündigt«. Dieses Gedankenspiel scheint auf den ersten Blick clever. Als ich mein Vertrauen auf Christus setzte, war ich unendlich dankbar, dass mir vollständig vergeben wurde und dass ich reingewaschen war.

Doch auch wenn mir vergeben worden war, hatte ich nicht aufgehört zu sündigen. Meine weiße Weste wurde sofort wieder schmutzig. Was nun? Musste ich von Gott von Neuem – nochmals – gerechtfertigt werden?

Schon der Gedanke einer »Wiederholungs-Rechtfertigung« zeigte, dass ich meine neue Identität *in Christus, dem Gerechten,* damals noch nicht so ganz erfasst hatte. Meine Gerechtigkeit beruhte und beruht nicht auf meinem Verhalten, meinen Gefühlen oder meiner Treue. *Christus* ist meine Gerechtigkeit (vgl. 1 Kor 1,30). Er ist meine Stellung und mein Ansehen vor Gott – gestern, heute und in Ewigkeit derselbe (vgl. Hebr 13,8). Meine heutige Sünde kann und wird meine *Freude* am Leben als Christ beeinträchtigen, doch sie kann niemals meine Identität in Christus verändern.

Welch eine wunderbare Erleichterung bedeutet das angesichts des grausamen Beharrens unserer Gesellschaft auf Selbstvertrauen! Sicherlich, Selbstvertrauen klingt großartig, denn es schmeichelt unserem Ego. Doch du wirst zu einem emotionalen Jo-Jo, wenn du meinst, du benötigst vor Gott Selbstvertrauen. Am einen Tag bist du obenauf, weil du gebetet hast und es sich gut anfühlte; am nächsten Tag bist du unten, weil du es nicht gemacht hast. Am Sonntag glücklich und zufrieden, aber am Montag hundeelend, denn du schließt von *deinen* Gefühlen und Handlungen darauf, dass du mal in Gottes Gunst stehst und mal nicht. »Er liebt mich; er liebt mich nicht.« In diese Schwierigkeiten geraten wir, wenn unser Vertrauen auf uns selbst ruht.

Gläubige sind nicht aufgrund ihrer eigenen Frömmigkeit gerecht. Jesus sagte: »Ich lebe, und ihr sollt auch leben« (Joh 14,19). Wenn ich zu Christus gehöre, dann sind seine Gerechtigkeit und sein Leben auch die meinen. Jeder Christ, wie schwach er auch sein mag, kann lauthals in Charles Weselys stärkende Worte einstimmen:

Jetzt fürchte ich keine Verdammnis mehr;
Jesus und alles, was sein ist, ist mein.
Ich lebe in ihm, dem lebendigen Haupt,
bin gekleidet in göttliche Gerechtigkeit.
Mutig trete ich vor den ewigen Thron,
und fordere die Krone,
die mir durch Christus gehört.

»Zum ersten Mal in meinem Leben kniete ich nieder, um zu Gott zu beten. Ich wusste noch nicht, wie ich es ausdrücken sollte, aber ich spürte, dass Gott mich liebte und auf mich wartete.

›Gott‹, rief ich, ›ich habe nichts, ich bin nichts, ich kann nicht lesen und nicht schreiben.‹ Wenn ich an meinen ganzen Jammer dachte, verschlug es mir die Sprache. ›Meine Eltern wollen mich nicht. Nimm mich auf, o Gott, nimm mich auf! Ich bereue all das Böse, das ich getan habe, Jesus, vergib mir und nimm mich jetzt an.‹

Sofort spürte ich, wie eine schwere Last von mir abfiel. Ein Gefühl der Erleichterung und des Friedens kam über mich. Freude durchströmte mich. Ich war ein ausgestoßenes Kind unter Millionen von Afrikanern, aber Jesus hatte mich gefunden ... Ich fühlte mich wie neu geboren. Das alte Leben und die Angst waren vergangen, und alles erschien mir neu. Ich war mir der Gegenwart Gottes so bewusst, wie ich es mir vor 24 Stunden nicht hätte vorstellen können, als ich die Benzinbomben vorbereitete.«

Stephen Lungu, Anne Coomes
Der aus dem Schatten trat: Vom Bombenleger zum Missionar

4 Der erstaunliche Tausch

Wie kann eine Prostituierte zur Königin werden? Das geht vielleicht im Märchen – aber doch wohl nicht im wirklichen Leben?

Als Luther die gute Nachricht von der Rechtfertigung erklären wollte, die er in der Schrift gefunden hatte, erzählte er die große, biblische Geschichte von Christi Hochzeit mit seiner Gemeinde (vgl. Jes 61,10–62,5; Offb 19,6–8): Ein König (das ist Jesus) heiratet ein armes, verschuldetes Mädchen – genauer: eine Prostituierte (das sind wir). Ihre Schulden sind so hoch, dass sie sie niemals hätte zahlen können, und auch durch noch so harte Arbeit hätte sie niemals Königin werden können. Doch aus Liebe warb der König um sie, und an ihrem Hochzeitstag sagte sie zu ihm: »Alles was ich bin, gebe ich dir, und alles, was ich habe, teile ich mit dir!« Genauso war es, sie teilte mit ihm all ihre Schulden und ihre Schande. Dann sagte der König zu ihr: »Alles was ich bin, gebe ich dir, und alles, was ich habe, teile ich mit dir!« Mit diesen Worten wurde er der Ihre, und mit ihm sein ganzer Reichtum und sein Königreich.

Durch einen Satz war die Prostituierte zur Königin geworden.

Dies ist die große hochzeitliche Veränderung – oder der »fröhliche Tausch« – des Evangeliums. Christus, unser großer Bräutigam, hat all unsere Sünde, unseren Tod und unser Urteil auf sich genommen, sie am Kreuz ertragen und in seinem Blut ertränkt. Anschließend gab er uns all seine Gerechtigkeit, Seligkeit und seine Stellung als vom Vater Geliebter. Deshalb, so Luther, kann der Sünder »angesichts von Tod und Hölle« getrost zu seinen Sünden stehen »und sagen: ›Mag ich auch gesündigt haben, so hat doch mein Christus, an den ich glaube, nicht gesündigt; und alles, was sein ist, ist mein, und alles, was mein ist, ist sein‹«.

Diese Geschichte korrigiert ein Missverständnis, dem wir allzu leicht erliegen, nämlich dass der Glaube die eine Handlung ist, die wir »leisten« müssen – die uns sogar einige Mühe abverlangt –, um gerettet zu werden. Wenn es so wäre, müssten wir uns fortwährend selbst beobachten und uns fragen, ob wir in ausreichendem Maß die »Leistung« Glauben erbringen. Deshalb wäre es vielleicht hilfreicher, diesen Tausch »Rechtfertigung durch Gottes Wort« zu nennen, und nicht »Rechtfertigung durch den Glauben«. Schließlich ist es Gottes Wort, das hier rechtfertigt, nicht unser Glaube als solcher. Wir müssen nicht überlegen: »Habe ich genug Glauben?« Zu glauben heißt einfach, Christus anzunehmen, ihn zu empfangen, ihm zu vertrauen – und er genügt.

Auch wenn wir an unserer Stellung vor Gott zweifeln, sollten wir niemals in uns selbst hineinsehen, um herauszufinden, wie gerecht wir wohl sind. Unsere Gerechtigkeit liegt *außerhalb* von uns, wie Kleidung. Nachdem der Bräutigam ihr sein Eheversprechen gegeben hatte, erkannte die Prostituierte, dass sich ihre Stellung verändert hatte. Sie war zur Königin gemacht worden. Diese Stellung beruhte nicht auf irgendeiner inneren Veränderung ihres Charakters – als wäre sie erst Königin geworden, nachdem ihr Verhalten königlich geworden war.

Ebenso ist es beim Gläubigen: Er wird mit der Zeit Christus ähnlicher werden, jedoch nicht gerechter. Er empfängt aufgrund einer göttlichen Erklärung die gerechte Stellung, die ganz Christus gehört. Sie beruht nicht auf seinen eigenen Bemühungen, besser zu werden. In sich selbst bleibt der Gläubige ein Sünder, der weiterhin strauchelt und abirrt, aber er hat die gerechte *Stellung* des vollkommenen und königlichen Bräutigams. Der Gläubige ist zugleich sündig und gerecht – *in sich selbst* sündig, doch dank der Gerechtigkeit Christi in der *Stellung* eines vollkommen Gerechten. Trotz all der Sünde, die in unserem Herz und Leben verbleibt, können wir, die wir auf Christus vertrauen, nicht verdammt werden, es sei denn, Christus würde mit uns verdammt. Alles, was sein ist, ist unser.

Der Prediger Richard Sibbes empfahl daher:

> *»Denke häufig bei dir selbst: Was bin ich? Eine armselige, sündhafte Kreatur. Doch in Christus habe ich eine Gerechtigkeit, die für alles genügt. In mir selbst bin ich schwach, doch Christus ist stark, und so bin ich stark in ihm. In mir selbst bin ich töricht, doch in ihm bin ich weise. Was immer in mir selbst fehlt, das habe ich in ihm. Er ist mein, und seine Gerechtigkeit ist mein, die die Gerechtigkeit des Gott-Menschen ist. Darin gekleidet kann ich mit Sicherheit bestehen gegen das Gewissen, die Hölle, den Zorn und was es sonst noch geben mag. Wenn ich auch täglich meine*

Sünden erlebe, so ist doch mehr Gerechtigkeit in Christus als Sünde in mir – in ihm, der mein ist.«

Stark in ihm. Weise in ihm. Sicher in ihm.

»Meine Ketten fielen ab«

Zu den großen Klassikern der christlichen Literatur gehört *Die Pilgerreise* von John Bunyan.

Bunyan war von Beruf Kesselflicker. Wenn er als solcher von Ort zu Ort reiste, trug er einen fast dreißig Kilo schweren Amboss und eine schwere Werkzeugkiste auf seinem Rücken. Dies wurde zum Vorbild für die große Schuldenlast, die sein Pilger auf dem Rücken trug (bis er zum Kreuz kam und sie sich zu seiner großen Erleichterung »von seinen Schultern löste«).

In seiner Jugend ging es Bunyan ähnlich wie Martin Luther: Seine Schuld trieb ihn zur Verzweiflung, denn er fürchtete, »Christus werde mir nicht vergeben«. Doch dann machte er genau die gleiche Entdeckung wie Luther:

»Eines Tages jedoch, als ich über Land zog, war mein Gewissen dermaßen niedergedrückt, dass ich fürchtete, es könne doch nicht alles in Ordnung sein. Da kam plötzlich folgender Spruch zu meiner Seele: ›Deine Gerechtigkeit ist im Himmel‹, und zugleich schien es mir, dass ich mit den Augen meiner Seele Jesus Christus zur Rechten Gottes schaute. Dort, sage ich, war meine Gerechtigkeit. Wo immer ich auch sein mochte, und was immer ich auch tat, Gott konnte von mir nicht sagen, ihm mangelt meine Gerechtigkeit, denn diese hatte er gerade vor seinen Augen.«

Mit anderen Worten: Er erkannte, dass es keine Rolle spielte, wie er sich selbst gerade einschätzte. Mochte er einen guten oder einen schlechten Tag haben,

»meine Gerechtigkeit war Jesus Christus selbst, ›Jesus Christus gestern und heute und derselbe auch in Ewigkeit‹. Jetzt fielen meine Ketten wirklich von mir ab. Ich war erlöst aus meiner Anfechtung und meinen Fesseln … Da ging ich nun voller Freude über die Gnade und die Liebe Gottes nach Hause.«

5 Ja, aber … wie ist das mit Glauben und Werken?

Wir wollen nun noch einige potenzielle Stolpersteine betrachten, die uns oft einen Teil der Freude an dieser herrlichen guten Nachricht rauben. Der erste kommt direkt aus der Bibel, aus dem Jakobusbrief:

> *»Was hilft's, Brüder und Schwestern, wenn jemand sagt, er habe Glauben, und hat doch keine Werke? Kann denn der Glaube ihn selig machen? Wenn ein Bruder oder eine Schwester nackt ist und Mangel hat an täglicher Nahrung und jemand unter euch spricht zu ihnen: Geht hin in Frieden, wärmt euch und sättigt euch!, ihr gebt ihnen aber nicht, was der Leib nötig hat – was hilft ihnen das? So ist auch der Glaube, wenn er nicht Werke hat, tot in sich selber.*

Aber es könnte jemand sagen: Du hast Glauben, und ich habe Werke. Zeige mir deinen Glauben ohne die Werke, so will ich dir meinen Glauben zeigen aus meinen Werken. Du glaubst, dass nur einer Gott ist? Du tust recht daran; die Teufel glauben's auch und zittern. Willst du nun einsehen, du törichter Mensch, dass der Glaube ohne Werke nutzlos ist? Ist nicht Abraham, unser Vater, durch Werke gerecht geworden, als er seinen Sohn Isaak auf dem Altar opferte? Da siehst du, dass der Glaube zusammengewirkt hat mit seinen Werken, und durch die Werke ist der Glaube vollkommen geworden. So ist die Schrift erfüllt, die da spricht: ›Abraham hat Gott geglaubt und das ist ihm zur Gerechtigkeit gerechnet worden‹, und er wurde ›ein Freund Gottes‹ genannt. So seht ihr nun, dass der Mensch durch Werke gerecht wird, nicht durch Glauben allein. Desgleichen die Hure Rahab: Ist sie nicht durch Werke gerecht geworden, als sie die Boten aufnahm und sie auf einem andern Weg hinausließ? Denn wie der Leib ohne Geist tot ist, so ist auch der Glaube ohne Werke tot.« (Jak 2,14–26)

Auf den ersten Blick sieht es so aus, als würde Jakobus etwas ganz anderes sagen als das, was wir bei Paulus gelesen haben! Doch das Problem verflüchtigt sich bei näherer Betrachtung von Jakobus' Argumentation.

Jakobus hat zwei Ereignisse aus dem Leben Abrahams im Kopf: das eine aus 1. Mose 15, das andere aus 1. Mose 22. In 1. Mose 15, 6 (zitiert in V. 23) steht: »Abram glaubte dem HERRN, und das rechnete er ihm zur Gerechtigkeit.« Genau diesen Vers verwendete Paulus in Römer 4, um darzulegen, dass wir allein durch Glauben gerechtfertigt sind. In 1. Mose 22, also Jahrzehnte *nachdem* Abraham für gerecht erklärt worden war, gehorchte er Gottes Befehl, seinen Sohn Isaak auf dem Altar zu opfern (siehe oben V. 21).

Mit dem Verweis auf diese beiden Stellen verfolgt Jakobus ein einfaches Ziel: Abraham wurde bereits in 1. Mose 15 die Gerechtigkeit zugerechnet, und in 1. Mose 22 sehen wir bestätigt und bewiesen, dass er ein Gerechter ist. Ebenso erweist sich dort, dass der Glaube, den er schon in 1. Mose 15 gezeigt hatte, ein lebendiger Glaube ist. Abraham ist in diesem Sinne durch seine Werke »gerecht geworden«. Jakobus meint hier keineswegs, die Rechtfertigung würde einen Wachstumsprozess in der Heiligung oder in der Gerechtigkeit bedeuten. Es geht um die Beurteilung oder Verteidigung von Abraham und seinem Glauben. Abrahams Werke aus 1. Mose 22 können nichts zu der Gerechtigkeit beitragen, die ihm bereits in 1. Mose 15 zugerechnet wurde; aber sie beweisen die Echtheit seines Glaubens.

Nur so ergibt Jakobus' Darlegung Sinn. Letztlich erklärt Jakobus, dass ein »Glaube«, der bloß einer bestimmten Wahrheit zustimmt (vgl. V. 19), ein toter Glaube ist, der nicht retten kann (vgl. V. 17. 26). Lebendiger Glaube ist ein tiefes Vertrauen auf Christus, das sich in der Liebe zu Gott, in einem veränderten Leben und in guten Werken äußern wird – wie es auch bei Abraham war: Sein Glaube, der schon in 1. Mose 15 zum Ausdruck kam, wurde durch seine Werke in 1. Mose 22 als lebendiger Glaube bestätigt.

Wer wie Abraham in 1. Mose 15 dem Herrn vertraut, wird – wie er – allein durch den Glauben gerechtfertigt. Doch ein solcher lebendiger, rettender Glaube wird immer Frucht tragen und gute Werke hervorbringen. Es ist der Glaube allein, der rechtfertigt; aber dieser Glaube, der rechtfertigt, steht niemals allein (V. 22).

6 Ja, aber ... sollen wir weiter sündigen?

Viele haben außerdem die Sorge, die Rechtfertigung könnte all die biblischen Aufrufe zu einem heiligen Leben untergraben. Wir sündigen gern. Gott vergibt gern. Warum sich also mit einem heiligen Leben abmühen, wenn die Errettung ein Geschenk ist, das man sich nicht durch gute Werke verdient? Wenn man ohnehin in den Himmel kommt, sollten Christen dann nicht »in der Sünde beharren, damit die Gnade umso mächtiger werde« (Röm 6, 1)?

Doch das entspricht ganz und gar nicht dem, was wir gesehen haben. Gott wirft die Gerechtigkeit oder die Erlösung nicht in Brocken vom Himmel. Würde Rechtfertigung so funktionieren, dann könnten wir uns tatsächlich das Geschenk schnappen und anschließend weiter sündigen. Doch Gott gibt uns seinen Sohn,

Jesus Christus. In ihm – bekleidet mit ihm – haben wir die Gerechtigkeit Christi. Es gibt nur einen einzigen Grund, weshalb wir seine Gerechtigkeit haben: weil wir *ihn* haben. Luther schrieb: »Deshalb wird durch den Glauben an Christus die Gerechtigkeit Christi unsere Gerechtigkeit, und alles, was sein ist, *ja, er selbst wird unser*.«

Erinnere dich an die Prostituierte, die den König heiratete. Ja, sie bekommt ein Königreich, aber sie hat den König schließlich geheiratet, um ihr Leben mit *ihm* zu verbringen. Ebenso kommen Gläubige zu Christus, um *ihn* zu empfangen – nicht in erster Linie, um den Himmel, die Gerechtigkeit, das Leben oder irgendeinen anderen Segen zu bekommen, sondern um Christus zu bekommen, in dem dann jeglicher andere Segen zu finden ist. Nimm den Apostel Paulus, der die Rettung allein aus Gnade so eindringlich beschrieb: Als er an die Philipper schrieb, erklärte er, er sehne sich danach, »aus der Welt zu scheiden und« nicht *im Himmel*, sondern »bei Christus zu sein« (Phil 1, 23). Für ihn war Christus das Beste, was der Himmel zu bieten hat.

Wie das verschuldete Mädchen im Zusammenleben mit dem König lernen wird, sich königlich zu verhalten, so werden auch wir Gläubigen verändert, wenn wir Christus kennen und mit ihm leben. Wer mit der

Gerechtigkeit Christi bekleidet ist, ist auch vom verändernden Geist Christi erfüllt. Man kann nicht in die Gerechtigkeit Christi gekleidet sein, ohne mit Christus vereint zu sein, und er wird dich in sein Ebenbild verwandeln. Er ist die Erlösung: *In* ihm ist alle Gerechtigkeit, und ihn zu *kennen,* ist das Herzstück der Heiligkeit.

Mit anderen Worten: »Errettung durch *Gnade* allein« ist nur eine andere Formulierung für »Errettung durch *Christus* allein«. Es gibt keine Gnade, keine Errettung, keine Gerechtigkeit ohne ihn. Deshalb bewirkt Gnade Veränderung. Paulus beschreibt das so:

> *»Denn es ist erschienen die heilsame Gnade Gottes allen Menschen und erzieht uns, dass wir absagen dem gottlosen Wesen und den weltlichen Begierden und besonnen, gerecht und fromm in dieser Welt leben und warten auf die selige Hoffnung und Erscheinung der Herrlichkeit des großen Gottes und unseres Heilands, Jesus Christus, der sich selbst für uns gegeben hat, damit er uns erlöste von aller Ungerechtigkeit und reinigte sich selbst ein Volk zum Eigentum, das eifrig wäre zu guten Werken.«* (Tit 2,11–14)

Lob sei Gott für diese erstaunliche Gnade!

7 Ja, aber ... kann ich es wirklich wissen?

Bist du dir sicher, ewiges Leben zu haben? Oder suchst du nach dieser Gewissheit?

Traurigerweise fehlt viel zu vielen Christen die feste Gewissheit, dass sie ewiges Leben haben. Dabei erklärt der Apostel Johannes in aller Deutlichkeit: »Das habe ich euch geschrieben, damit ihr *wisst*, dass ihr das ewige Leben habt, die ihr glaubt an den Namen des Sohnes Gottes« (1 Joh 5,13).

Es wäre einfach nicht möglich, zu wissen, ob wir ewiges Leben haben, wenn jenes Leben in irgendeiner Weise von unserer Leistung oder unserer gefühlten Treue abhinge. Tatsächlich aber geht das ganze Neue Testament davon aus, dass Gläubige diese Gewissheit haben können. Paulus schreibt an die Philipper:

»Freuet euch in dem Herrn allewege, und abermals sage ich: Freuet euch!« (Phil 4, 4). Wie sollte ich mich freuen können, wenn ich mir des Herrn nicht sicher bin und im Ungewissen, welche Stellung ich vor ihm habe? Jesus sagt: »Freut euch aber, dass eure Namen im Himmel geschrieben sind« (Lk 10, 20). Nochmals: Wie soll das gehen, so lange ich nicht weiß, ob mein Name *wirklich* dort aufgeschrieben ist? All die Aussagen des Neuen Testaments über die Hoffnung auf die Auferstehung – welchen Trost soll mir das geben, wenn ich nicht weiß, ob ich *tatsächlich* mit Christus auferweckt werde?

Die Rechtfertigung durch Glauben ist der Schlüssel, der uns die Tür zu Trost und Freude öffnet. Wenn meine Gerechtigkeit vor Gott von mir und meiner Leistung abhängt, dann werde ich mir Sorgen machen und mich elend fühlen. Ist Gott gegen mich? Wurde ich von ihm getrennt?

Solche Angst kann dein Gebetsleben lähmen. Sie kann sämtliche Freude an Gott auslöschen. Wenn du bei dir nur noch Schlamassel siehst, während anscheinend alle um dich herum ihr Leben auf die Reihe bekommen, dann ziehst du dich vielleicht aus der Gemeinde zurück und wagst es nicht mehr, deine Bibel aufzuschlagen.

Wenn dir das bekannt vorkommt, dann lies folgenden Rat Luthers an einen Freund, der mit der Heilsgewissheit rang:

> *»Wenn nun der Teufel uns unsere Sünden vorhält und uns des Todes und der Hölle schuldig erklärt, dann müssen wir so sagen: Ich gestehe zwar, dass ich des Todes und der Hölle schuldig bin; was folgt nun weiter daraus? Also wirst du auch ewiglich verdammt sein! Keineswegs, denn ich kenne jemanden, der für mich gelitten und Genugtuung geleistet hat, und er heißt Jesus Christus, Gottes Sohn. Wo der bleiben wird, da werde ich auch bleiben.«*

Deshalb ist die Rechtfertigung eine so kostbare Wahrheit, an der wir uns festhalten können. Sie bedeutet: Wir, die wir uns unserer Finsternis und Schmutzigkeit bewusst sind, können uns mit vollkommener Ehrlichkeit in Bezug auf unser Versagen und mit großer Kühnheit einem heiligen Gott nahen – weil es Christus gibt. Es ist schwierig, vor Gott *sowohl* ehrlich *als auch* kühn zu sein, aber genau das ermöglicht uns die Rechtfertigung durch Glauben allein.

Sündhafte, strauchelnde Gläubige werden aus freien Stücken zu in Christus Gerechten erklärt, deshalb setzen wir unser Vertrauen nicht auf uns selbst. Unser Vertrauen darf ganz auf Christus und *seiner* ausreichenden Gerechtigkeit ruhen. Keine Sünde ist so groß, dass das Blut dieses Lammes nicht genügen würde, und wir Gläubigen haben Christus angezogen. Wir müssen den Tag des Gerichts nicht fürchten, denn er ist der Tag Jesu, unseres Freundes, der uns seine Gerechtigkeit geschenkt hat. Das ist ein Trost für alle, die diese Gute Nachricht erfassen. Der Heidelberger Katechismus bringt das hervorragend auf den Punkt:

> *»Was tröstet dich die Wiederkunft Christi, ›zu richten die Lebenden und die Toten‹?*
>
> *In aller Trübsal und Verfolgung darf ich mit erhobenem Haupt aus dem Himmel eben den Richter erwarten, der sich zuvor für mich dem Gericht Gottes gestellt und alle Verurteilung von mir genommen hat.«*

Die Verurteilung ist von uns genommen. Wir können uns tatsächlich an einer felsenfesten Heilsgewissheit erfreuen.

»Es war die schiere Authentizität des Predigers, die Frances dazu brachte, aufmerksam zuzuhören. Der Heilige Geist hatte ihr während der vergangenen Monate die Wahrheit der Schrift nahegebracht. Kurz nach Mitternacht, das Jahr 1953 hatte soeben begonnen, begegnete diese junge Frau dem lebendigen Christus. Der Geistliche sprach am Ende des Gottesdienstes eine Einladung an all jene aus, die ein Gebet der Umkehr und des Glaubens an Christus mitsprechen wollten. Sie dürften noch bleiben und mehr über das Leben als Christ erfahren …

Als Frances mehr als sechzig Jahre später diese Nacht beschrieb, sagte sie: ›Die Gegenwart Christi war so lebendig … Auf dem Rückweg zu meiner Wohnung hatte ich das greifbare Empfinden, dass er mich begleitet.‹«

Julia Cameron
John Stott's Right Hand: The Untold Story of Frances Whitehead

8 »Halleluja! Welch ein Erlöser!«

»Lasst uns lieben, denn er hat uns zuerst geliebt.« (1 Joh 4, 19)

Die simple Wahrheit lautet: Du wirst Gott nicht lieben, solange du nicht weißt, dass er dich zuerst liebt. Du wirst ihn nicht lieben, solange du keine Sicherheit kennst, in der du dich an ihm erfreuen kannst. Die Rechtfertigung allein aus Glauben muss daher der ultimative Grundstein für ein gesundes Leben als Christ sein. Ohne sie wirst du dich nicht von ganzem Herzen auf das christliche Leben einlassen und keine echte Freude und Integrität vor Gott haben.

Erst wenn du siehst, wie barmherzig Gott ist und wie er dich gemäß seiner Freundlichkeit – nicht gemäß deiner Leistung – behandelt, wird dein Herz in ihm zur Ruhe kommen. Mit der Rechtfertigung beginnt ein Brotkrumenpfad der Gnade, der uns von der Vergebung, die uns im Evangelium angeboten wird, zu dem Vergebenden, dem Urheber des Evangeliums, führt. Sie weist über sich selbst hinaus zu Gott. Wenn wir Gott für seine Gnade danken, fangen wir auch an, ihn zu loben und uns an ihm zu erfreuen – weil er so gnädig ist und weil er sich als so wunderbar gütig und barmherzig erweist.

Wenn wir die Rechtfertigung nicht verstehen, betrachten wir Gott als durch und durch streng – als jemanden, der einfach die billigt, die ihr Leben bereits auf die Reihe bekommen haben. Ein solcher Gott mag das Recht dazu haben, aber er wird wohl kaum unser Herz gewinnen. Doch wir haben die Wahrheit gesehen, dass Gott Versager im Voraus liebt. Martin Luther schrieb:

> *»Die Liebe Gottes findet ihren Gegenstand nicht vor, sondern schafft ihn sich erst … Gottes Liebe [liebt] Sündige, Böse, Törichte und Schwache …, um sie zu Gerechten, Guten, Klugen und Starken zu machen und so strömt sie heraus und teilt Gutes aus. Denn die Sünder sind deshalb schön, weil sie geliebt werden, sie werden nicht deshalb geliebt, weil sie schön sind.«*

Martin Luther sagte einmal, er habe den gnadenlosen Gott gehasst, den er vor Augen hatte. Doch hier sah er einen Gott, der von so überfließender Güte ist, dass wir nur mit freudigem Erstaunen vor ihm niederfallen können.

»Kommt, ihr Sünder, arm und elend,
Bang und zagend vorm Gericht;
Jesus steht bereit zu helfen,
Jesus giebt, was euch gebricht.

Kommt, Betrübte, kommt zu Jesu,
Was auch eure Armut sei,
Kommt mit Reue und mit Glauben,
Jesu Gnade macht euch neu.

Laßt die Träume, laßt die Flitter
Eigener Gerechtigkeit,
Nichts verlangt er, nur Erkennen,
Daß ihr arme Sünder seid;

Eile, Sünder, eil' zum Retter,
Komme heut' und säum' nicht mehr!
Jetzt ist noch die rechte Stunde,
Morgen wird's dir doppelt schwer.

Ja, ich will zu Jesus gehen!
Er befreit mich von der Sünd'.
Durch den Reichtum seiner Gnade
Freud' und Frieden bei ihm sind.«

(nach dem Lied *Come, Ye Sinners, Poor and Needy*
von Joseph Hart, 1759)

Literaturverzeichnis

»171. Thomas Bilney«, in: John Foxe, The Acts and Monuments of the Church, London: The Religious Tract Society, 1877.

Kurt Aland (Hrsg.), Martin Luther: Der Reformator, Luther deutsch: Die Werke Martin Luthers in neuer Auswahl für die Gegenwart, Bd. 2, Göttingen: Vandenhoeck & Ruprecht, 1991.

Kurt Aland (Hrsg.), Martin Luther: Die Anfänge, Luther deutsch: Die Werke Martin Luthers in neuer Auswahl für die Gegenwart, Bd. 1, 2. Aufl., Göttingen: Vandenhoeck & Ruprecht, 1983.

Philip C. Bliss. »›Man of Sorrows‹, What a Name«, 1875.

John Bunyan, Pilgerreise zur seligen Ewigkeit, 9. Aufl., Lahr-Dinglingen: Verlag der St.-Johannis-Druckerei C. Schweickhardt, 1922 [1979].

John Bunyan, Überreiche Gnade: Autobiografie von John Bunyan, Waldems: 3l-Verlag, 2011.

Johannes Calvin, Unterricht in der christlichen Religion: Institutio Christianae religionis, 5. Aufl., Neukirchen-Vluyn: Neukirchener, 1988.

Alexander B. Grosart (Hrsg.), Richard Sibbes: The Complete Works of Richard Sibbes, Bd. 2. Edinburgh: Nichol, 1862.

Heidelberger Katechismus, online unter: https://www.heidelberger-katechismus.net/Heidelberger_Katechismus__Der_gesamte_Text-8261-0-227-50.html (Stand: 09.02.2023).

Ich will dir danken! Lieder für die Gemeinde, Neuhausen-Stuttgart: Hänssler, 1991.

Martin Luther, Von der Freiheit eines Christenmenschen: Fünf Schriften aus den Anfängen der Reformation. 4. Aufl. der Taschenbuchausgabe, Gütersloh: Gütersloher Verlagshaus Mohn, 1977.

William Tyndale, »A Pathway into the Holy Scripture«, in: Thomas Russell (Hrsg.), The Works of the English Reformers: William Tyndale and John Frith, Bd. 2, London: Palmer, 1831.

Joh. Georg Walch (Hrsg.), Dr. Luthers Briefe (erste Abtheilung), Dr. Martin Luthers sämmtliche Schriften, Bd. 21, 1. Theil, St. Louis: Concordia Publishing House, 1903.

F. V. Wiebe (Hrsg.), Erweckungs-Lieder, Chicago/New York: The Biglow & Main Co., 1915, online unter: https://hymnary.org/hymn/EL1915/41 (Stand: 12.01.2024).

Adolar Zumkeller, »Facienti quod in se est Deus non denegat gratiam«, Sp. 1151–1152 in: Lexikon für Theologie und Kirche, Bd. 3, Freiburg/Basel/Rom/Wien: Herder, 1995.